PREFACIO

Este libro es una antología personal de algunos de los poemas que he escrito a lo largo de mi vida, y que protestan por salir del armario.

Se trata de una compilación de poemas heterogéneos que no guardan un criterio único ni tienen un núcleo común, salvo por el hecho de ser poemas.

Miscelánea contiene obras poéticas de distintas épocas y diferente naturaleza. La mayor parte de las obras reunidas son poemas libres. Su temática es diversa y no guardan relación entre sí.

EL TIEMPO

El tiempo es esa relatividad que distorsiona los acontecimientos y que todo lo cura, que vaga entre el antes, el ahora y el después.

1. NO ESPERES AL ÚLTIMO TREN

No esperes.

No esperes al último tren

Ni cuentes los vagones acoplados.

Será que son cosa del pasado

Y el futuro incierto te embelesa

Como el miedo a las caricias,

Como el terror de una presa,

Como el pánico de un niño

Que el acosador oprime.

No esperes al último tren.

Cerrada ya la noche, con bruma baja.

Que la indecisión es leve y te atenaza

Como la censura al hablar,

Sutil mortaja.

Déjate ya de zarandajas.

2. BIENVENIDO OCTUBRE

¡Bienvenido octubre!

Welcome October!

Una historia más para el recuerdo.

Ocho meses en Roma y una canción.

Vino, pan y hojas. Cortos son los días.

Yo nací tras la matanza de Tlatelolco.

Antes, un hito expedicionario irrumpe en las Américas.

Fantasmas y calaveras, caramelos y disfraces.

Los animales celebran que no hay nada que celebrar.

Y el último día, los criollos peruanos le cantan a la migración de pobladores.

¡Bienvenido octubre!

Welcome October!

Diez meses aquí y esa canción.

3. EN LA ESPERA

En la espera,

Cautiva la mirada

Se posa en tu sonrisa

En la espera...

En la espera,

Quisiera ser la luz

Que amaina el temporal

Y embriaga con su brisa.

Pudiera conocer

El brillo de sus ojos,

La eterna palidez de tu mirar

En la espera...

Y el roble enmohecido

Con sus crujientes ramas

Devuelve la nostalgia del ayer

Que vuelvo a recordar.

Deseo penetrar en tu añoranza,

Paliar todos tus miedos

Y verte ennoblecer

En la espera...

DERECHOS HUMANOS

Un documento puede declarar la universalidad de los Derechos Humanos, pero en la vida misma con frecuencia constan violaciones.

4. EXTINCIÓN

Nació como nacen los recuerdos,

Entre campos de maíz y brisa,

Comiendo minas de lápiz y exhalando suspiros.

Nació de la palabra y la melodía,

De la esperanza.

Murió.

Nació de nuevo

Transformado, ajado, viejo.

Nació del perro apaleado,

Del cuerno mutilado,

Del político,

Del banquero usurero.

Nació de la mirada del niño que pasa hambre,

Del viejo abandonado,

De la mujer dolida y dolorida.

Nació del miedo,

De la flor pisoteada y del árbol huérfano.

Y quiso que todo acabara:

La vida del que quería vivir eternamente,

La vida de ellos, la vida de todos,

Y la suya propia.

5. TRISTEZA

Era tristeza de hambre,

Violación encarnada

En fusiles y violencia.

Llanto infértil que no conmueve

A quienes lejos explotan su tierra yerma

Y engordan sus fusiles de codicia.

Indiferencia del otro mundo.

Su tierra yerma la espera.

'Tristeza não tem fim'

6. MIRADAS

Hay miradas que hablan de hambre,

De angustia, de miedo, de soledad.

Miradas que lloran el frío, la pena.

Y hay miradas que rehúyen las miradas,

Que pasan de largo sin ver,

Hacen invisibles los ojos de la desdicha

Y desdeñan las manos temblorosas

Cuarteadas por el olvido.

7. POR ÉL PASARON LOS AÑOS...Y TANTAS HISTORIAS

Por él pasaron los años...¡y tantas historias!

Que no tuvo tiempo de contar.

Ahora mira el reloj, y recuerda que un día tuvo sueños.

Su tiempo se acaba, o acaba de comenzar.

Ya no tiene prisa, ni deseos.

Sólo espera ver moverse las agujas del reloj,

Un reloj viejo y conocido

Que le vio nacer, que le oyó cantar,

Que sintió crecer.

Ahora muere junto a él.

¿Qué más podría esperar?

8. HAY UNA NUBE GRIS

Hay una nube gris.

No es inocua porque duele.

Te envuelve y se te hace difícil.

Aparece y desaparece

Como en un mar de sombras y claros,

Fluye, resucita.

Es una nube gris que se aferra a tus miedos

Y te desorbita,

Te desploma y caes.

Una nube gris en la materia gris

Que construye un puñal de oro y diamantes,

Esmeraldas y rubíes,

Y atrae la causalidad y el olvido.

Una mota de polvo que viene y va,

Una fragancia rancia.

La noche produce esa sensación,

Áspera y rasgada,

Ebria de dolor y mutilaciones, de amargas esperas,

De esperas amargas,

De pensamientos inocuos y vacíos,

Como una tuberculosis que mina los pulmones,

Como la gorjeante agonía de un pájaro moribundo.

Nubes y polvo.

Nubes grises de tormenta.

Desperézate y vuela y aparta de ti la nostalgia.

Huye la presa del ave rapaz,

Astuta pero sin posibilidad.

Arrasa la ceniza del volcán el valle vespertino.

La nodriza titubea y sangra la prostituta

Y el barco quiebra y se rompe,

Y una telaraña se vence por el goteo de la tempestad.

Una leve sensación martillea la aturdida mente

Como en un sueño delirante y persistente.

Necesitada de soledad vuelve a tus brazos.

Se desvela y grita, y te siente cerca.

Siente el aliento de su voz aclamándote,

Silenciosa como un susurro.

Ya no hay ventanas azules ni frías primaveras,

Ni el neón de un bar con el que entretener sus pupilas.

Sólo hay un desierto de arena y soledad,

Maltrecho y angosto, persistente y molesto.

¡Cuántas hojas en blanco quedaron atrás!,

¡Cuántas desdichas!

El olvido subyace al gozo y atraviesa el alma.

El gozo subyace al dolor y se deleita.

¡Cómo quitar el dolor cuando sólo se ve esa nube gris!

Cuándo escampará y se irá sin derramar lágrimas.

Pero ya se va, porque recuerda la ventana azul

Y una pequeña mota de esperanza te hace sonreir.

Y queda así, otra hoja en blanco que no será retomada.

Hay una nube gris.

No es inocua porque duele.

Ya se va...la nube gris.

LUGARES

Lugares, culturas, gentes... Somos culturas diferentes con idéntico gen: el de la humanidad.

9. LA CIUDAD FEA

Es una ciudad fea

Sucia, ruidosa,

Con olor a cal y moho.

Henchida de vino y miel.

Una ciudad sin respeto ni leyes, sin juicio.

Una ciudad de heroína y grito...

De golpe de puño en la mesa.

Y a pesar de su fealdad,

Vestía vistosamente con mantos de tilos,

Fresnos y ginkgos,

Palmeras canarias y viejos cipreses.

Era una ciudad fea de llamativo follaje.

Pero fea, a fin de cuentas.

10. BOTSUANA

Botsuana tiene a los Tswana

De pastores y granjeros.

Setsuana, suana, tswana

Lengua bantú.

En el delta del Okavango,

Un antílope.

De sabanas arboladas

Y danzas tradicionales.

Bosquimanos Basarawa,

Voces sin tambores.

Y ahí estabas tú.

11. LLUEVE PARÍS

Llueve París esta tarde,

Llueve.

Unas sombras descomponen

Trozos de lágrimas

Y se desligan

Para bailar

En el suelo de luz.

12. ATARDECER EN CAMBOYA

Atardecer en Camboya.
El monte Meru, morada de los dioses.
El buey se tumba y nace un templo.
Invasiones de mongoles y franceses.
El templo enterrado bajo árboles
Y un afrancesado cazador de mariposas
Descubre el tesoro oculto tras las raíces.
Ninfas acuáticas apsaras danzando en la corte de Indra.
Dos mil bailarinas celestiales.
Victoria de Krishna sobre el asura Bana con mil brazos amputados menos dos.
Atardecer en Camboya color naranja.
Treinta y siete cielos y treinta y dos infiernos,
Yama los separa. ¿Quién merece el cielo?
Rojo, negro y dorado. Dos hojas de oro y dos zafiros blancos.
Atardecer en Camboya color rojo.
Un hombre cruza Nom Pen transportando arroz.
El pueblo Jemer en el reino de Kambuya.
Contiendas interdinásticas, siameses, guayabis y champas.
Tomlé tom, Mekong, río grande.
Llegan los monzones, que sacuden el bambú.
Los búfalos de agua se refugian.
Ocho reales españoles y una pagoda budista.
Una piastra, un peso, acuñado en cobre y plata.
Lenguas de sánscrito y palí susurran tu nombre.
De percusión están hechas tus notas, de bambú y de flauta.
Festival del agua en el curso de un río.
Una nueva pagoda, un matrimonio y un funeral.

13. MONTAÑAS MULTICOLOR DE CHINA

Montañas multicolor de China.

En la cima, un hombre con traje de satén.

Alcanza la iluminación con tradiciones budistas y taoístas.

Hace circular los hálitos.

Los principios de la alquimia.

Una creencia despierta los movimientos que quieren influir en las fuerzas del universo.

Montañas multicolor. Armonía.

Esencia, aliento y espíritu. Tres tesoros.

El cuerpo imita a los árboles y echa raíces bajo los pies.

Comunícate con la tierra. Estarás en paz.

La dinastía Han lo guardó como un tesoro en sus tumbas.

Montañas multicolor de China.

El eje de la puerta en constante movimiento.

Sabios antepasados te pedían que te movieras como el oso, el águila y el tigre.

Hasta que la cara te brille y se despierte tu apetito.

Corre a saltos. Gira tan rápido como un relámpago. Sube al árbol y recoge la fruta.

Extiende las alas y arranca el vuelo. Soplo de la vida.

Plégate ante el medio, hazte reconocible, y ocupa el lugar que te corresponde.

MÚSICA

Una vez me enseñaron que también con la música se puede alcanzar la libertad.

14. LA BAILARINA

Bailaba sola

Entre rosales y espinas.

Pálida, blanca y espectral.

Las rosas se marchitaron y un círculo

A su alrededor formaron.

Su baile tal vez les gustó

Y la buscaron.

15. NUEVA CALLE

Calle nova, nueva calle.

Es música lo que suena en las tristes paredes de la pensión.

Una escala de blues

Do-mi-fa-la-re-do

Partituras rodando y un atril oxidado.

Nueva calle, calle nova.

Una caña mohína constreñida.

Un llanto quebrado en el malecón.

Chirría el metal pesado del viejo Selmer

Y unas notas tenidas se alejan.

Nova calle, calle nueva.

Una cuerda se rasga.

Es un Blues.

Y la novia lloraba la melodía

Cuando todo era alegría...

Alegría que no viste tú.

Calle nova, nova calle.

Una pica y un cordal,

El contrabajo se mece.

Unos dedos presionan

Y el arco frota las cuerdas

Que vibran pulsadas

Mi-la-re-sol.

Calle nova, calle nova.

El asfalto mojado.

Cuatro patas cruzan la calle.

El bar cierra tarde.

Los mortales sueñan

En la calle de balcones oxidados.

Nueva calle, nueva calle.

Un gemido y una canción devorada

por el sonido apagado

de un tedioso saxofón.

Nueva calle, nueva calle.

16. EL NIÑO QUE TOCABA PARA LAS AVES

Él quería soñar, y plasmar su sueño en papel couché.

Soñaba ser hombre y ave.

Ansiaba volar, migrar, despertar la nostalgia.

Ser el reclamo que alertara de los estragos del hombre.

Y cada tarde, en la campiña, tocaba para las aves.

Pizzicato, trémolo.

Un arrullo y dos tórtolas enamoradas.

Caja de resonancia con madera de arce.

Miembros emplumados danzando en torno a él.

Él quería sentir y ser diapasón y pico.

Ébano produciendo un sonido maderil.

Ambicionaba la paz que viene del sosiego.

Pedía afecto y orden, consenso. Una tregua.

El fin de la hegemonía del hombre y la mujer.

Cada tarde tocaba, tocaba para las aves.

Y en un saludo de paz, una paloma se posó en su hombro

Y le entregó una pequeña ramita de olivo.

17. ARGENTINO COMO EL TANGO

Argentino como el tango

En Buenos Aires parieron.

Gaucho, indígena, hispano, africano e italiano.

Danza sensual de un pensamiento triste.

El bandoneón.

Emociones y tristezas en las cosas del amor.

Unas piernas se entrecruzan y a la niña llama.

Argentino como el tango

De milongas y payadas.

Unos negros sacudiendo el yugo de esclavitud.

Criollos y clases bajas. Inmigrantes europeos.

Lunfardo en Avellaneda y Sarandí.

Música popular, líbrenos de todo mal...y la cruz señaló.

Arrabales, prostíbulos y bodegones.

Etnias, culturas y lenguas.

Cuartos de las chinas cuarteleras.

Ahí va la niña, la niña ahí va.

Tomá mate, che. Andate a la Recoleta.

Argentino como el tango

Morocho de piel tostada.

Música prostibularia

Y esa mirada.

Lo cantó, lo bailó, lo silbó, lo sintió.

Canta el pibe sus raíces.

Ahí va la niña, la niña ahí va

Del noble gaucho porteño.

Esta noche me emborracho

Milonga sentimental.

¡Nostalgia de Buenos Aires!

La niña dijo llorando:

«Argentino como el tango

Yo también nací milonga»

18. TOCARÉ-MÁS

Tocaré.

Esta vez tocaré para ti.

Y aparecerán notas nuevas

Que darán forma a tu nombre.

Sonará un desgarro,

Y el eco de tu mirada triste.

Tocaré de mil maneras distintas.

Soy un hueso quebrantado.

La posibilidad infinita.

¡Que estalle la guerra si tiene que estallar!

Yo me voy preparando.

Y aprovecharemos el desvío de sus miradas

Para decirnos todo.

Dejaremos que el tiempo fluya a su antojo.

Esperaremos pacientes.

Queremos y necesitamos.

Está predestinado

(tan solo en mi pensamiento)

Y siento tu niñez como si fuese la mía.

Cada cosa es igual y es lo mismo.

¡Sorpresa, sorpresa!

Pero somos del mismo signo

Y el mismo fin nos aclama.

Y esta vez que nadie se interponga.

Que siga su curso

la naturaleza inhóspita.

Y en contra el que vaya

perecerá en su recelo.

Será que toquemos unidos...

El cielo.

SENTIMIENTOS

Sentimientos: impresiones afectivas que afectan a las decisiones racionales.

Una sucesión de procesos mentales impulsados por pulsaciones psicológicas y fisiológicas.

19. CUAL QUIMERA

El bicho de la paz

Es la paloma.

Tú eres la paloma

De mi bicho.

Pero vuelas, huyes, fluyes,

Te acobardas

Y te muestras indeciso.

Te lo he dicho.

Y mi bicho desespera,

Se impaciencia, rabia, teme,

Y cauteloso en la espera

En su interior te retiene

Cual quimera.

20. ¡SI SUPIERAS TODO LO QUE SIENTO!

No me dejes los recuerdos, ni palabras,

Ni esperanza de tu infinito regreso.

No permitas que mi estado

Malogre un alejado encuentro.

No dejes que la arena fluya

Entre el hueco de mis dedos.

Apacigua tu ausencia en un solo verbo.

Quiero recibir respuesta,

Noticia de futuro incierto.

Que me tienes en ascuas

Y empobreces mi seno.

¡Si supieras todo lo que siento!

Que no duermo, ni vivo,

Ni paz hallo en mis adentros.

Que te burlas de mí

Por todo cuanto he hecho.

Y tus palabras son magia

Con trucos muy suculentos.

Que prometes y dices

Asertas y afirmas preceptos.

Y tu decir se divaga

¡Que se lo lleva el viento!

Las palabras fluyen, reposan

Y se vuelven turbias con el paso del tiempo.

¡Si supieras todo lo que siento!

Una noche tras otra te pienso.

La paciencia se desvanece

En esotérico entuerto

Y lucha contra el hambre

Que me dejó tu cuerpo.

Lucha el enemigo

Contra los malos momentos

Que me arrastran de tu fuero

Y me alejan de tu tiempo.

El porvenir se dirá

Como un amargo descenso

Por el río torrencial

De tempestuoso invierno.

¡Ay, si supieras todo lo que siento!

21. AYUNE ALBE

¡Son palabras tan extrañas!

¿Y de origen arabesco?

Ojos de mi corazón

De ese corazón que tengo.

Ayune albe, ayune albe

Siento ese músculo ardiendo.

Ayune albe, ayune albe

Quiero acercarme y no debo.

Y para ti tal vez sea

Que el tiempo se encargue de ello.

Yo voy sin prisa y con calma

Porque 'habibi', te quiero.

Ojos de mi corazón que en tu puño van latiendo.

Ayune albe, ayune albe

Está susurrando el viento.

NATURALEZA

La humanidad, sin naturaleza, es sólo materia muerta.

22. TE BAJÉ LA LUNA

Te bajé la luna

Para darte

Y quise que fuera azul cielo.

En el árbol la posé

Para esperarte.

23. ROSA NEGRA SIN ESPINAS

Sin espinas,

Rosa negra sin espinas fuiste

Por eso no te quisieron

No por negra mas por triste.

Rosa, rosita negra

¿En qué lago te caíste?

24. TE LLAMARÉ ÁRBOL BOTELLA

Te llamaré árbol botella.

Voy a llamarte pan de mono.

Y Madagascar escuchará tu nombre.

Mi piel herida tocará los nudos de tu tronco,

Y en época de lluvias brotarán tus hojas

Como brota la vida,

Y se abrirán flores de pétalos blancos.

Podrás vivir ochocientos o mil años.

Y muchos más.

Y tu cuerpo de botella

Recogerá el agua de la bendita lluvia de Madagascar.

Te llamaré baobab

Y colocaré ofrendas a tus pies

Para contentar a los espíritus que te albergan.

25. PAISAJE DE OTOÑO

Se desnudan las acacias y los fresnos,

Se desnudan.

Y en un punto alejado de la urbe

Tienden su alfombra de reyes.

Marrones, grises y apagados.

Amarillos.

Atum simboliza el sol

Que se oculta en la tierra.

Cosechas y madurez.

No es para todos.

Anda melancólico el viento.

Resopla.

La decadencia le ha tomado un pulso

A la plenitud, y lo ha ganado.

Otoño incierto.

Lluvia de hojas secas.

Árboles de brazos desnudos y obscenos tiritan.

El río guarda el secreto,

Entre tímidas risitas y un desperezo.

26. THE DROP

Drops falling.

Colouring drops and a rainbow.

Spash, splash!

The time stops and the drop takes form.

Reflexion, detention, injection.

Attention, contention, suspension.

Keep falling, waste your time.

Drops turning green, yellow, purple, colourful.

It's raining outside

But I have some drops falling,

Colouring drops and a rainbow.

27. HAIKU: PRIMAVERA

¡Ya viene ella!

Grita el sutil invierno.

Fondo amarillo.

OBJETOS

Objetos: la cosa, el cuerpo físico.

«Unos tienen ingenio para hacer cosas bellas, otros para dar a entender que las cosas que hacen son bellas. Son dos ingenios diversos, pero ambos eficaces».

Paul Valéry

28. QUEBRADA

Quebrada la barca estaba,

Rota, roída, sedienta.

Apagado y mortecino su alimento.

Sofocado el mundo estaba,

Blanquecino y sin aliento.

29. ABURRIDA, SOBRE LA CUERDA POSADA

Desgastada por el viento,

Aburrida, sobre la cuerda posada.

De madera fabricada

Esperando una camisa

Que le alegrase la vida,

Pues su amiga, la otra pinza,

Nada nuevo le contaba.

Con ropa tendida soñaba,

Aburrida, sobre la cuerda posada.

EL FINAL

Y llegó el final...

«Aunque mañana fuera el día del fin del mundo, yo plantaría todavía manzanos el día de hoy».

Martín Lutero

30. LA CEREMONIA

En el atrio

De una iglesia

Sepultada en el olvido,

Un secreto incomprensible.

Dogma de la Edad Media

Y a la razón inaccesible.

Ceremoniosa,

En el culto se celebra.

Los iniciados aplauden,

La desazón

Se revela.

Con dagas, brevas y ungüentos

Drama y misterio.

Tiritan las gárgolas,

Tiemblan los cimientos,

Ya se escuchan ecos

En el cementerio.

Los encapuchados

Se están desperezando

En el presbiterio.

¿Quién es esa hada?

Si tuviera alas

Querubín sería,

Pero va de negro...

¿Quién llama?

¿Quién viene?

¡Ay, madre mía!

© 2022, Portos, M.
Impresión y editorial: BoD – Books on Demand
info@bod.com.es - www. bod.com.es
Impreso en Alemania – Printed in Germany
ISBN: 9788413734385